APPEL AU ROI,

PAR M. LE JOYAND.

> Dans une longue révolution, où l'ambition et le crime, la terreur et l'égoïsme ont tout fait, malheur à l'homme qui s'est dévoué sans réserve, et qui a survécu !

PARIS,

J. G. DENTU, IMPRIMEUR-LIBRAIRE,

rue des Petits-Augustins, n° 5 (ancien hôtel de Persan).

1820.

AVERTISSEMENT.

Les services que j'ai rendus, pendant quarante-cinq ans, à l'humanité, à la société, à la monarchie, sont publics.

Je suis publiquement accablé des plus nombreuses et des plus désolantes injustices.

Je ne puis éviter d'en solliciter publiquement la réparation, qu'inutilement je sollicite depuis six ans.

AU ROI.

SIRE,

Après d'innombrables travaux, mes instances depuis six ans et les ordres de VOTRE MAJESTÉ n'ont pu me faire obtenir justice. Les sentimens dont s'honore l'humanité sont méconnus ; et parce que la plus grande partie de la fortune publique et les emplois sont devenus le patrimoine de quelques hommes qui se sont accommodés de tous les *gouvernemens de fait*, de quelques individus qui n'ont rien fait pour la patrie, et de quelques autres qui n'ont de titre que leur nullité pendant les scènes d'abomination et de désolation, on me refuse, non seulement le paiement de ma créance sur l'Etat, on retient ainsi le patrimoine de mon épouse, de ma famille et de mes créanciers; mais encore on me refuse une faible partie des secours que j'ai donnés, pendant toute la révolution, à la monarchie et aux opprimés; on me refuse un emploi où je trouverais, contre l'infortune non méritée qui m'accable, le prix d'un travail utile à la société; même on me retire une petite pension qui était la récompense de quarante-cinq ans de services, sous prétexte de m'en allouer le capital, comme l'unique moyen de payer la dette que j'ai contractée en faveur de la monarchie, pendant les cent-jours. Les idées de grandeur qui se rattachent au rang suprême, les lois naturelles, les lois positives sont oubliées; et comme si ce n'était pas assez d'un tel abus, comme si ce n'était pas même assez du sens odieux des lois révolutionnaires les plus spoliatrices, tandis qu'on a payé les fournisseurs et les baladins de la révolte des cent-jours, on donne à ces prétendues lois l'extension la plus inouïe, pour consommer ma ruine, me couvrir de l'opprobre de l'insolvabilité, et confondre, dans mon désespoir, une foule de créanciers de l'administration la plus sacrée chez les peuples les moins civilisés, l'administration des secours dus à l'homme malade ou blessé en défendant sa patrie. A tous les genres de sacrifices, on oppose tous les genres d'injustices. Titres personnels, titres de dévoûment sans restriction ni exclusion de personne, droit commun, droit spécial, tous les titres qui devaient, après quarante-cinq ans de services, assurer ma tranquillité, sont comptés pour rien. Plus on réfléchit sur ma situation, plus on a de peine à la comprendre. Enfin, pour faire parvenir la vérité, pour empêcher au moins qu'on ne la défigure devant VOTRE MAJESTÉ, je suis contraint de l'exposer au jugement de tous les hommes en qui l'égoïsme et la corruption, accélérée par trente ans de révolution, n'ont pas effacé les nobles attributs qui distinguent le bon du méchant, de l'homme versatile, le plus dangereux des méchans, parce qu'il est aussi avide de se ranger sous les enseignes du crime que de passer sous la bannière de la vertu, et de l'homme neutre, dont l'indifférence est un objet de mépris, parce qu'elle implique la pusillanimité, l'abjection, l'hypocrisie, et parce qu'en politique et en morale, comme en physique, les extrêmes qui se rencontrent peuvent se réunir, tandis que les corps et les intelligences, qui ne se rencontrent jamais, ne peuvent établir ni système, ni accord, ni mouvement commun.

Votre Majesté connaissait déjà l'utilité et l'étendue de mon dévoûment, lorsque, dans mon Mémoire du 9 septembre dernier, elle a vu que, sans m'être rien réservé pour ma propre existence, j'ai volontairement sacrifié tout ce que les lois révolutionnaires ne m'avaient pas ôté.

Votre Majesté savait qu'en 1814, la première fois qu'elle a été rendue à nos vœux, il ne me restait déjà plus rien ; en sorte que le 20 mars 1815, pour défendre la cause royale, j'ai engagé ma personne et ma liberté.

Votre Majesté avait appris, par la notoriété publique, et par la déclaration des hommes de lettres les plus dévoués, quelle était déjà, le 18 février 1816, mon infortune. Votre Majesté savait, par leur témoignage, que « M. le Joyaud s'est distingué, pendant « l'interrègne de 1815, par des écrits pleins « d'énergie ; qu'indépendamment de ces écrits, « imprimés, affichés et distribués à ses frais, il « a consacré toutes ses ressources à l'impression, « à la réimpression et à la publication des « écrits de tout autre auteur, composés dans le « même but ; qu'il a rendu tous ces services, « non seulement sans aucune espèce d'intérêt, « mais encore au péril de sa vie et au détriment

« de sa fortune; qu'il n'a fourni aux dépenses « dans lesquelles ces services l'ont entraîné, « qu'en vendant son argenterie et ses autres « effets, ou en contractant des emprunts rui- « neux; et qu'il est, par suite de ces sacrifices, « généralement connus de tous les royalistes « actifs, dans un état absolu de détresse, sous « le poids d'une saisie mobiliaire et d'une con- « trainte par corps. »

Près de cinq ans se sont écoulés depuis cette déclaration, plusieurs fois envoyée au ministère par ordre de VOTRE MAJESTÉ.

La décence permet difficilement d'exprimer les maux que j'ai endurés pendant ce temps-là. Cependant, je ne puis m'en dispenser.

Malheureux, comme créancier de l'État, puisque, malgré l'ordonnance que VOTRE MAJESTÉ a daigné rendre, le 11 avril 1816, en faveur de mon administration des hôpitaux militaires, les commissaires nommés par cette ordonnance osent proposer une injustice que Buonaparte et ses agens n'ont pas osé entièrement consommer; ils osent proposer une extension des lois de déchéance, y faire participer les deux Chambres et VOTRE MAJESTÉ; *d'autant plus malheureux*, que les quatre millions deux cent douze mille vingt francs (1) auxquels les agens de Buonaparte ont arbitrairement réduit ma créance, et qu'ils ont laissés à la seule décision du Souverain, pour les allouer à mon administration, représentent la somme de plus de douze millions (capitaux et intérêts), qui serait revenue à ma compagnie et à ses nombreux créanciers, si, au lieu d'irriter Buonaparte par des procédés constamment opposés à son ambition, j'avais profité de ma situation avantageuse au milieu de sa famille, et que j'eusse accepté la dignité de sénateur, qu'il m'avait fait offrir par madame sa mère. Je reste, depuis le 14 août 1816, date du rapport et de l'avis de la commission, dans une affreuse anxiété, parce que j'ignore encore aujourd'hui si le ministre des finances, faisant justice de ce rapport et de cet avis, proposera de m'accorder la somme dont les agens de Buonaparte m'avaient au moins laissé l'expectative, expectative revêtue, par le retour de VOTRE MAJESTÉ, par votre parole royale, et par la déclaration

---

(1) Ce capital, augmenté par les intérêts, depuis le 29 juin 1810, date de l'arrêté du Conseil général de liquidation, produit une somme à peu près de six millions cinq cent mille francs.

réitérée de vos ministres, d'un caractère moral absolu. Cependant, mon Mémoire imprimé, adressé au ministre des finances, le 1er août 1818, ne laisse pas le moindre doute sur l'injustice du rapport et de l'avis de la commission, et sur les droits non déchus de ma compagnie, que je viens de confirmer encore par une analyse des lois de finances rendues depuis 1814. Et ce qui ajoute à l'évidence de la justice que je réclame sur un objet si important, c'est que depuis plus de quatre ans que le rapport et l'avis de la commission sont sous les yeux du ministère, et malgré l'injonction faite par l'ordonnance de VOTRE MAJESTÉ, aucun des ministres qui se sont succédés n'a osé porter cet avis à votre royale sanction.

Malheureux, comme sujet utile, dans les importantes fonctions que j'ai exercées avant la révolution, pendant quinze ans, fonctions dans lesquelles j'ai rendu des services que les chefs de l'armée, pendant la guerre d'Amérique, le suffrage de mes collègues et Louis XVI avaient placés dans une ligne de services et de succès remarquables, en faveur desquels ce Roi, le modèle des bons Rois, m'avait accordé une pension supprimée par les lois révolutionnaires; services pris en considération par VOTRE

MAJESTÉ elle-même, lorsqu'elle a aussi daigné m'accorder une pension à laquelle j'ai été obligé de renoncer, parce que le ministère n'a pas imaginé d'autre moyen que d'en absorber le capital pour payer la dette des cent-jours, quoique cette pension, d'ailleurs peu digne de regrets, parce qu'elle était extrêmement disproportionnée à mes services, fût, jusqu'à nouvel ordre, mon unique ressource et celle de mon épouse.

Malheureux, ensuite, *comme sujet dévoué pendant trente ans*, puisque le résultat de tant de services, de dévoûment, de pertes et de sacrifices sont, 1° l'accroissement de la dette des cent-jours, par les intérêts et frais, par les renouvellemens d'engagemens, et par les emprunts ruineux, inévitables, d'après la lenteur et l'insuffisance des secours qui m'ont été accordés par le ministère; le premier secours donné vers la fin de juin 1816, si modique, qu'à peine il a suffi aux frais de l'emprisonnement que j'avais subi trois mois auparavant; le second donné à titre de prêt, le 10 août suivant, au moment même où, après m'avoir fait des frais considérables, un de mes créanciers allait faire vendre mes meubles; le troisième en décembre 1818, pour libérer M. Liédot, huissier-audiencier qui, chargé de me poursuivre, avait mieux aimé s'engager lui-même envers mes créanciers, pour les empêcher de me conduire une seconde fois en prison; le quatrième et le cinquième secours donnés en juin et septembre 1819, *sur ma parole d'honneur* de renoncer à ma pension; 2° l'emprisonnement dont je suis encore menacé pour payer le reste de la dette des cent-jours; 3° la perte de mes meubles, livres et autres effets, inutilement évitée, le 10 août 1816 (comme je viens de le dire), puisque l'année suivante ils ont été deux fois vendus publiquement, quoique j'en eusse prévenu le ministère, en lui envoyant les affiches imprimées qui annonçaient ces deux ventes; 4° une troisième vente qui enveloppe les derniers débris de mon mobilier, ordonnée aussi *par autorité de justice*, retardée, depuis le 9 août dernier, par la médiation encore de M. Liédot, éclat désolant qui était fixé au 28 novembre, et qui vient d'être différé encore de quelques jours, par la sagesse du magistrat.

Ainsi, l'âge qui consacre les services les plus ordinaires et les plus communs, ne m'apporte qu'une continuité de supplices. La vie, que j'ai tant de fois exposée, que je sacrifierais encore pour Votre Majesté et votre auguste famille, la vie, que tant de tourmens devraient avoir anéantie, ne m'est laissée que pour un autre supplice (le plus insupportable de tous), pour être l'inutile témoin des peines d'une épouse que l'énergie et la constance de son dévoûment ont entraînée dans ma ruine.

« La situation déplorable de M. le Joyand, « qui vient d'être arrêté pour dettes contractées « pendant les trois mois, et pour la cause de « la monarchie, en faveur de laquelle il n'a cessé « d'écrire avec un courage et un dévoûment « qui ne lui ont pas permis de calculer le peu « d'étendue de ses ressources » (témoignage qui m'est revenu de VOTRE MAJESTÉ elle-même, puisque je le prends mot à mot dans la lettre du premier gentilhomme de la chambre, écrite, par ordre de VOTRE MAJESTÉ, au ministre des finances, le 25 mars 1816, et en même temps à mon épouse, pendant que j'étais en prison): l'emprisonnement dont je suis encore menacé pour la même cause; cette peine, que j'ai mille fois méritée de la part des révolutionnaires, qui ne me l'ont pas infligée, ainsi que de l'usurpateur, qui ne l'a pas osé, et à laquelle j'étais loin de m'attendre depuis 1814, n'est donc qu'une petite partie de mes peines.

Loin d'être traité en sujet dévoué, je suis,

depuis six ans, rassasié d'humiliations; la justice et la bienveillance de VOTRE MAJESTÉ sont détournées de moi; et, comme si j'avais commis des crimes, je me vois réduit à regretter que les anarchistes ou l'usurpateur ne m'aient pas donné la mort. Ils m'auraient tué promptement; et on me tue, depuis six ans, en me forçant de boire, goutte à goutte, la lie de l'adversité; on me tue dans le triomphe même de la cause légitime à laquelle j'ai voué mon existence! On ne connaît point d'agonie plus douloureuse et plus longue, si on considère que cette agonie de six ans est la suite des combats que j'avais livrés, pendant vingt-quatre ans, sans interruption et sans relâche, aux ennemis de la légitimité, lorsque VOTRE MAJESTÉ est rentrée dans ses États.

C'est pourquoi, dans mon placet du 9 septembre dernier, je suppliais VOTRE MAJESTÉ de m'accorder, pour payer le reste de la dette des cent-jours et les autres dettes inévitablement contractées par moi, pour mon existence et celle de mon épouse, depuis cette époque, un secours de 25,850 francs, qui n'est qu'une très-petite partie de ce que j'ai utilement sacrifié pour la monarchie et les opprimés. Encore ne demandais-je cette somme que sous condition de la rétablir au trésor de la liste civile, dans le cas où ma créance sur l'État serait payée.

Je renouvelais, en même temps, ma demande d'une place qui, m'épargnant le chagrin d'importuner désormais VOTRE MAJESTÉ, me rassurât sur les plus indispensables besoins de la vie.

Deux jours après la date de ce placet, c'est-à-dire le 11 septembre dernier, VOTRE MAJESTÉ a eu la bonté de charger le premier gentilhomme de la chambre d'écrire au ministère « qu'elle avait vu avec intérêt mon Mémoire, « qu'elle était touchée de ma malheureuse position, et qu'elle ordonnait qu'il lui fût fait « un prompt rapport de ma demande, parce « que mes services et mes malheurs sont connus, « et qu'il est de toute justice de venir au secours « d'un homme qui a donné, au péril de sa vie « et au détriment de sa fortune, tant de preuves « de dévoûment à la cause royale. »

Après de tels ordres, je devais croire que mes peines seraient terminées d'autant plus promptement, que, depuis cette époque, j'ai plusieurs fois écrit au ministère, en lui envoyant les nouveaux exploits judiciaires dont je suis sans cesse accablé.

Cependant, je n'ai pas obtenu la moindre satisfaction, pas même une réponse.

Sire! il existe plusieurs moyens de mettre un terme à un état de choses si déplorable, et ces moyens, actuellement à la disposition de Votre Majesté, ne lui coûteront aucun sacrifice d'argent.

Ce serait de m'accorder, ou la *place de.......*, ou une charge de......

Mon ouvrage des *Principes naturels, publié en* 1785, qui contient, sur de nouvelles bases, un système astronomique, et des vérités jusqu'alors réputées inaccessibles aux efforts de l'esprit humain, aujourd'hui justifiées, au moins en partie, par les observations du célèbre astronome Herschell, lues à la Société royale de Londres (*juillet* 1817), et faites d'après les principes que j'ai proposés trente ans avant lui, ce qui m'a donné lieu de revendiquer, sur lui, avec la plus incontestable évidence, dans mon *Opuscule publié en* 1817 *et* 1818, la découverte du moyen de déterminer la distance des étoiles, et donné sujet de rappeler (*Gazette de France, 7 septembre dernier, et 1er novembre présent mois*) ma nouvelle théorie des éclipses et du mouvement et des inégalités du mouvement de la lune, ainsi que du mouvement des autres planètes et des comètes ; l'*ouvrage* que j'ai *publié le* 1er *mars* 1800, où je rappelle les vertus de Louis XVI, les attentats de la philosophie moderne, et les crimes de la révolution, l'*Éloge du célèbre Adanson* (mon ami) que j'ai composé en 1806, et auquel l'Institut n'a rien ajouté, tous *les opuscules* que j'ai *composés, pendant les cent-jours*, contre l'usurpateur, sont mes titres à la place de..... (1).

A défaut de cette place, les connaissances que j'ai acquises dans les parties les plus contentieuses de l'administration matérielle, justifient ma demande de la charge de..... (2) VOTRE MAJESTÉ sera peut-être surprise que, dans mon infortune, je sollicite une charge qui impose un cautionnement considérable ; mais VOTRE MAJESTÉ connaît le cœur humain : les mêmes hommes qui me refuseraient aujourd'hui le feu et l'eau, offrent de me fournir ce cautionnement.

L'infortune que je me suis attirée en refusant de Buonaparte la dignité de sénateur, et qui m'ôte les moyens d'entretenir l'éclat d'un rang

(1) Au moment où l'on imprime ce Mémoire, cette place n'est plus disponible.

(2) Cette charge est encore disponible.

élevé, me défend d'aspirer à une dignité qui me mettait à portée de consacrer plus utilement, à VOTRE MAJESTÉ, tout le temps qui me reste à vivre.

A ce sujet, le titre de la naissance, qui suppose les anciens services, et le titre des services récens, m'auraient peut-être obtenu, de VOTRE MAJESTÉ, la faveur signalée qu'elle a accordée à un assez grand nombre de ses sujets.

Dans ma famille, honorée depuis plusieurs siècles, il ne s'est trouvé que des hommes fidèles à DIEU et au Roi.

Mon père, obligé, dès l'âge de 18 ans, par suite d'une grave blessure reçue dans une bataille, de quitter l'état militaire, a embrassé l'état de médecin ; tous ses fils, au nombre de cinq, ont professé le même état. Son génie lui ayant frayé de nouvelles routes dans le traitement des épidémies, peu connu en France avant lui, après cinquante-quatre ans de services rendus à l'humanité, les provinces de Franche-Comté, Bourgogne, Champagne et Lorraine, en 1779, ont appuyé sa demande à Louis XVI, qui lui a accordé une pension reversible à ma mère.

L'état de médecin ne déroge pas, il honore. Machaon et Podalire, princes, amis et compagnons d'Achille, étaient médecins; Esculape était un des grands dieux de la Grèce; il n'y avait point de famille plus illustre et plus révérée que celle des Asclépiades; et le plus puissant des rois a envoyé des ambassadeurs à Hippocrate.

C'est l'ascendant moral de cette profession qui m'a fait obtenir tant de succès en faveur des opprimés. Le sacrifice de ma fortune n'est rien en comparaison. Je ne cite que deux exemples.

Les soins gratuits que j'ai donnés à M. C***, membre de la Convention, et à son père, ont sauvé plus de deux cents déportés.

Une seule consultation que j'ai consenti de donner à un des plus terribles agens de la puissance révolutionnaire, a sauvé de la mort tous les détenus à l'hôtel du Dréneux, alors rue de Provence, n° 51, la seule maison de détention à Paris, d'où personne n'a été mené à l'échafaud : phénomène qui procède à la fois du ciel et de l'enfer, et dont je rendrai compte dans mes Mémoires, si moi-même je ne meurs pas bientôt victime d'un zèle sans mesure, victime de tous les genres d'injustices, après avoir rendu tous les genres de services.

Voilà les émolumens qui me restent de l'état de médecin.

Les hommes les plus égarés par la fureur révolutionnaire, m'ont accordé ces récompenses que DIEU seul aurait pu m'accorder! et...... Je n'achève pas la comparaison, qui renferme la plus effrayante contradiction du cœur humain.

Le titre des anciens services et celui des services récens ne sont pas moins favorables à Philippine-Agnès-Antoinette Abram de Vaxoncourt, mon épouse. Son père et plusieurs de ses ancêtres ont été conseillers d'Etat, ministres, secrétaires d'Etat de la maison de Lorraine, de la maison d'Autriche, et de Stanislas, roi de Pologne, aïeul de VOTRE MAJESTÉ.

SIRE, les grands rois, et sur-tout les Bourbons, ne s'offensent pas de la noble franchise d'un langage dicté par la conscience du bien que l'on a fait et de celui que l'on peut faire encore. Je pourrais donc représenter à VOTRE MAJESTÉ, que quiconque, dans les horribles circonstances d'une révolution qui a fait reculer hors de France tant d'hommes intrépides et dévoués, et qui, dans l'intérieur de la France, a glacé presque tous les courages et paralysé toutes les langues; quiconque, dis-je, sous de tels auspices, a protesté, en présence des régicides, contre l'accusation et le jugement de

Louis XVI; quiconque a exposé sa vie, sacrifié son temps, son repos, sa fortune, pour le salut des opprimés et de la monarchie; quiconque a refusé de l'usurpateur une des plus hautes dignités de l'Etat, aurait pu espérer d'en être revêtu par le souverain du gouvernement légitime, qui remplace de *droit* le gouvernement de *fait*.

Je ne demande pas le prix de mon dévoûment; j'en affaiblirais le mérite et je perdrais la seule consolation qui me reste. J'ai toujours porté dans mon cœur la tradition qui rappelle que, dans l'ancienne Rome, pendant que l'on accordait, en d'autres occasions et pour des services moins importans, des couronnes d'or et d'un très-grand prix, on persévéra à ne donner à celui qui avait sauvé la vie à un citoyen, qu'une couronne de feuilles de chêne. Rome voulait ainsi montrer qu'une action toute morale est sans prix, et qu'elle serait en quelque sorte obscurcie sous l'enveloppe d'une récompense matérielle. Mais, avec sa couronne de feuilles de chêne, on n'aurait pas envoyé à la roche tarpéienne (supplice cependant moins insupportable que le supplice que j'endure depuis si long-temps) celui qui aurait sauvé un grand nombre de citoyens, celui qui, pendant les plus terribles révolutions de Rome, aurait constamment sacrifié ses intérêts personnels, les intérêts de sa famille, et qui, pendant vingt-six ans, pour secourir ses semblables sans leur demander compte de leurs opinions ni de leur conduite dans des circonstances où le moindre délai, et par conséquent le temps d'examiner leur eût été funeste ; en un mot, pour rester fidèle aux principes de la nature et de l'ordre social, se serait exposé aux persécutions et à la mort. En supposant qu'il fût, comme je le suis, créancier de l'État pour des sommes beaucoup plus considérables que ses dettes, on n'aurait pas souffert que l'Etat lui fît banqueroute, ou du moins on ne l'aurait pas abandonné à toutes les misères de la vie, on ne l'aurait pas livré à la prison et à l'opprobre de l'insolvabilité, par les services même qu'il aurait rendus. Sous peine d'être réputé barbare envers ses proches, insensé relativement à sa propre conservation et sans honneur envers ses créanciers, il ne se serait pas vu forcé de redire le bien qu'il aurait fait, ou de garder le silence, qui n'eût été qu'un prétexte et une excuse à l'oubli et à l'abandon, pires que la mort dans une telle situation. Ce n'est pas un bonheur pour moi si le fer des anarchistes, des directoriens, des consulaires et des impériaux m'a épargné : vingt fois je me suis précipité dans le gouffre, il ne s'est pas fermé sur ma tête.

Je ne parle point ici des pertes passives que j'ai essuyées par suite des lois révolutionnaires, parce que j'ai cela de commun avec toutes les personnes spoliées par ces lois, et parce que je sais que VOTRE MAJESTÉ ne peut réparer tant de pertes que la nation elle-même, dans la plénitude de ses moyens, n'a pas encore entrepris de faire oublier. Cependant, j'ai perdu en ce genre, du côté de mon épouse, les droits qui lui venaient de son père, sur les terres de Vaxoncourt, Palgney, Zincourt, dans le département des Vosges; et sur les terres de Manonvillers, Avricourt, Imbermesnil, dans le département de la Meurthe. Mon épouse a perdu un héritage bien plus considérable, qui lui venait de son grand-oncle, ministre de l'empereur François Ier et de l'impératrice Marie-Thérése. Elle a aussi perdu l'héritage d'une sœur de sa mère.

Je ne m'appuie que des sacrifices personnels, actifs, utiles et volontaires, qui seuls caractérisent le dévoûment, parce que le dévoûment est une disposition libre et volontaire.

Toutes les erreurs du ministère envers moi, viennent de ce qu'il n'a pas ainsi discerné les personnes et les choses.

Ma conduite envers les victimes de la révolution éloigne de moi le cruel soupçon de vouloir affaiblir leurs titres à la bienfaisance de VOTRE MAJESTÉ.

Tout ce que l'on pourrait conclure de ce que j'ai l'honneur de lui exposer à cet égard, c'est que je me présente devant elle avec deux genres de titres, le titre des sacrifices volontaires et de la justice, qui commande de rendre à chacun selon ses œuvres, et le titre des pertes passives, qui réclame des secours qu'il est également juste de donner au malheur.

Au surplus, quelle que soit la manière dont on veuille envisager les personnes et les choses, en attendant que le Gouvernement ait décidé s'il paiera ou ne paiera pas la créance de mon administration sur l'Etat, je redemande seulement une portion des secours que j'ai donnés, et une place où je retrouve, s'il se peut, la tranquillité nécessaire pour terminer les travaux philosophiques que j'ai entrepris dans ma jeunesse, et que je n'ai suspendus pendant la révolution, que pour me livrer à une philosophie toute en actions : la tranquillité, cette compensation que tous les peuples et toutes les institutions humaines, en considération des services rendus pendant un temps déterminé, réservent à la vieillesse. Je suis dans ma 62e année. Si la Providence m'eût jeté sur quelque plage inconnue, au milieu d'une horde errante, et que j'y eusse fait, pendant quarante-cinq ans, sans me démentir dans aucune circonstance, ce que j'ai fait dans ma patrie, cette horde incivilisée veillerait à mon repos et pourvoirait à mes besoins ; ou bien si, pour assurer sa propre existence, elle était forcée d'entreprendre des excursions lointaines, et que l'immobilité de la vieillesse m'empêchât de la suivre, elle abrégerait, avant de m'abandonner, de longues souffrances plus affreuses que la mort.

La nécessité, l'honneur, qui ne me permet pas de négliger la conservation de ma famille et l'intérêt de mes créanciers, ma propre conservation, en un mot, les devoirs les plus sacrés qui se trouvent confondus dans ma situation, excluent tout soupçon de vanité. Il ne m'est plus permis de rien omettre de ce qui peut conjurer la plus désespérante infortune. J'ai donc pu, sans orgueil, compter, parmi mes sacrifices, mon refus de la dignité de sénateur, pour rester fidèle à mon légitime Souverain, et manifester mon horreur de toute espèce d'usurpation.

Daignez, SIRE, nommer celui qu'une des plus célèbres universités de votre royaume a nommé en 1776, celui dont les officiers généraux et les chefs de corps, pendant la guerre d'Amérique, ont attesté les services, celui dont les premiers ouvrages ont attiré pendant vingt ans l'attention du public et des journaux, celui qui, dès le temps du Directoire, fut honorablement cité dans plusieurs articles du *Dictionnaire néologique des hommes et des choses*; cité, depuis le retour de VOTRE MAJESTÉ, dans la *Biographie des hommes vivans* (sous son nom patronymique), et dans la *Biographie universelle* (au mot *Adanson*), et toujours honorablement cité dans l'*Histoire du procès de Louis XVI*, tom. II, pag. 431, 432 et 433; dans le *Journal des Débats*, 7 novembre 1814; dans *les autres journaux* contemporains, et *Vies des justes dans les plus hauts rangs de la société*, tom. IV, pag. 137.

Daignez, SIRE, nommer celui que, ni l'égoïsme ni la crainte dans les plus terribles circonstances de l'anarchie, ni les offres séduisantes d'un gouvernement qui, dans sa grandeur colossale, présentait toutes les apparences de la stabilité, n'ont pu faire varier un seul instant.

Je suis avec respect,

SIRE,

DE VOTRE MAJESTÉ,

Le très-humble, très-obéissant
et fidèle sujet,

LE JOYAND.

Paris, ce 15 décembre 1820.

EXPLICATION

DU PRÉCÉDENT MÉMOIRE.

Le ministère m'a objecté que *j'ai toujours agi sans mission.*

Mais, chez les peuples et devant les Princes qui entendent leurs plus chers intérêts, un dévoûment sans diplôme et sans garantie, loin de rabaisser, a toujours rehaussé le mérite de l'action.

Quelle autre mission que celle de mon cœur aurais-je pu montrer pour défendre, depuis l'ouverture des Etats-Généraux jusqu'au 4 mai 1790, jour où je fus assailli et blessé par la populace (*lettre de M. Bailly, maire de Paris, 24 mai* 1790), la monarchie et la personne sacrée de Louis XVI?

Quelle autre mission, le 10, et la nuit du 10 au 11 août 1792, où mon épouse et moi, poursuivis par les meurtriers, ne fûmes sauvés que d'une manière inespérée, pendant qu'à la lueur des torches infernales ils égorgeaient des Suisses réfugiés dans les chantiers de la rue d'Astorg?

De quelle garantie pouvais-je me prévaloir,

lorsque, pour me soustraire aux massacres de septembre, fuyant depuis plusieurs mois la prison dont j'étais menacé, j'arrivai de nuit avec mon épouse pour recueillir le dernier soupir de ma sœur, frappée de mort à l'aspect des restes sanglans de l'infortuné duc de Brissac, le meilleur ami de ma famille?

Et, sous de tels auspices, apprenant le danger capital de Louis XVI, résolu de m'exposer à mourir pour le défendre, revenu à Paris les premiers jours de novembre, quel autre diplôme que celui des vertus de ce bon Roi, lorsque j'ai protesté, le 12 novembre 1792, et le 18 janvier 1793, à la face de la Convention, contre le décret d'accusation et le décret régicide, et que j'ai rappelé, à côté des vertus de Louis XVI, la bonté, les bienfaits, la beauté d'une des meilleures Reines qu'il y ait eues en France?

Et, dans les efforts par lesquels j'ai sauvé de nombreuses victimes, dans les secours de tout genre que je leur ai donnés en France et jusque chez l'étranger, ne tenais-je pas de la religion, de la morale, de l'humanité, qui inspirent quelquefois à l'homme assez de dévoûment pour lui faire oublier ses propres besoins et ses propres dangers, mon diplôme?

N'est-ce pas en vertu de ce diplôme que, dans une durée de services rendus à la monarchie et à toutes les classes d'opprimés, qui embrasse vingt-six ans, depuis 1789 jusqu'en 1815, dans cette incalculable série de dépenses, quoique personne ne m'ait secouru, aidé, remboursé d'une obole, je ne me suis jamais rebuté? On pourrait voir, dans les lettres qui m'ont été adressées, comment les malheureux, ceux même de la plus haute condition, s'y prenaient pour déterminer un cœur que l'on savait consumé du zèle de l'humanité. SA MAJESTÉ y verrait en même temps les causes, les motifs, la source de cette prodigalité dont on n'a pas omis de me faire un reproche tendant à faire supposer que c'est par une frivole imprudence et un stérile orgueil que je me trouve précipité dans un abîme d'infortune. Ce qui a pu donner lieu à cette imputation, c'est qu'il est notoire que, tous les jours, ma maison a été l'asile et la ressource de plusieurs victimes, à qui il ne restait aucun moyen de vivre; et ce qui est aussi notoire, c'est que, dans ces réunions où se trouvaient les hommes les plus célèbres dans les sciences, la littérature et les arts, s'entretenait le feu sacré qui a éclaté avec tant de force au retour de SA MAJESTÉ et de son auguste famille. Pendant les cent-jours, de même que pendant les précédentes années de l'anarchie et de l'usurpation, mà maison était un lieu de réunion des royalistes les plus dévoués, et mes dépenses ont été non seulement utiles à la cause légitime, mais encore infiniment dangereuses pour moi. A cette époque, de même qu'aux époques précitées, j'étais secondé de mon épouse, qui n'aurait pas été plus épargnée que moi, sans la défaite de Buonaparte à Waterloo : on lui avait envoyé un brevet de proscription (le 12 mai 1815), au moment où je publiais mon opuscule intitulé : *Six cents pièces de canon sur les hauteurs de Paris !* ou *le Buonaparte de* 1815 *en contradiction avec le Buonaparte de* 1809 ! ! !

C'est sans mission ni diplôme et surtout sans garantie, que seul, environné de quatre vingt mille démagogues qui assiégeaient les sections du Mail, du Mont-Blanc, Lepelletier et la Convention, le 2 prairial de l'an III, j'ai procuré aux royalistes, *gratis*, mais au péril de ma vie, cinq cents fusils neufs et trois mille cartouches (*Extrait des registres de la section Lepelletier*, 2 *prairial de l'an* III) ; que j'ai ranimé, par cet exemple de dévoûment, tous les courages abattus ; que j'ai ainsi préparé le désarmement des factieux, opéré le 4 du même mois, sans qu'il en ait coûté une goutte de sang; que, par ce premier succès, j'ai donné lieu à l'organisation d'une force publique régulière, sous la dénomination de *légion de police générale* dirigée par les royalistes, et qui, dès-lors, aurait facilement rendu le trône à Louis XVIII, épargné à la France et à l'Europe toutes les calamités qui les ont accablées depuis 1795, si les royalistes, au lieu de se ralentir dans une funeste sécurité, eussent continué de suivre sans délai la fermeté de mes conseils, et n'eussent pas laissé aux factieux le temps de rétablir l'ascendant du crime.

C'est sans mission qu'en l'an v, à cette époque où le vœu général rappelait les Bourbons, et où ce vœu, sans le fatal 18 fructidor, aurait été dès-lors satisfait, pour seconder les desseins du général Pichegru, mon compatriote et mon ami, j'avais entrepris de régénérer, par le service des hôpitaux militaires, avec lequel tous les autres services correspondent, l'esprit des administrations de l'armée, infectées des poisons de l'anarchie, lorsque l'espoir des royalistes fut de nouveau confondu, et que je fus dénoncé dans un journal intitulé : *Courrier de l'armée d'Italie*, rédigé par les ordres et sous les yeux de Buonaparte.

Je n'avais point d'autre diplôme qu'une lettre bien touchante, qui m'a été adressée le 7 floréal an VII, pour m'intéresser au salut des *naufragés de Calais.*

Je n'en avais point, lorsqu'à l'avènement de Buonaparte au consulat, je lui ai écrit, le 1er frimaire de l'an VIII, pour lui montrer la nécessité de travailler à rendre le trône au légitime Souverain, et, dans l'accomplissement de ce vœu national, la vraie gloire.

C'est encore spontanément que le 1er mars 1800, j'ai publié un ouvrage où je rappelle les vertus de Louis XVI, les attentats de la philosophie moderne et les crimes de la révolution.

C'est sans autre inspiration que, le 12 floréal suivant, ayant été consulté par Lucien Buonaparte, le soixante-sixième jour de la maladie de sa première épouse, n'ayant cédé aux instances de madame Buonaparte mère et de la plupart des personnes de sa famille, que d'après leur affectation de plaindre constamment devant moi Louis XVI et tous les Bourbons, et de paraître, pendant quatre ans, abonder dans le sens de mon dévoûment; ayant refusé de Napoléon la dignité de sénateur, pour des raisons exposées dans mes Mémoires, j'ai vivement rompu tout rapport avec la famille Buonaparte, plusieurs mois avant l'assassinat imprévu de monseigneur le duc d'Enghien et du général Pichegru. Nulle perspective, nulle espérance alors ne pouvait me dédommager de ce refus et de cette rupture, qui ont éloigné de moi la fortune et préparé ma ruine.

C'est encore sans mission que j'ai fait éclater ma douleur et mon indignation, et que, seul, dédaignant la misérable circonspection des prétendus amis qui auraient encensé le général Pichegru, s'il eût terrassé Buonaparte, j'ai porté, dans la prison de la Force, des consolations et des secours à son malheureux frère; que je me suis attiré la sinistre attention de la préfecture de police, la fureur et les menaces de Buonaparte, qui ne sont restées sans exécution, que parce qu'un personnage assez adroit pour s'être ménagé des ressources à tout évènement, lui représenta qu'il serait impolitique, peut-être dangereux, et au moins inutile de maltraiter un homme qui avait rendu, sans émolumens, beaucoup de services à sa famille; en sorte que j'en fus quitte pour cet avertissement remarquable, *de ne pas méconnaître l'élévation de la famille Buonaparte*, *puisque c'était un fait* : avertissement dont je n'ai pas tenu le moindre compte, pas même depuis le mariage avec l'archiduchesse Marie-Louise.

C'est sans mission que, jusque chez les ambassadeurs et autres agens diplomatiques des souverains asservis, j'ai déroulé le manifeste du genre humain contre le spoliateur des Bourbons d'Espagne, et le meurtrier de la nation espagnole.

C'est sans mission que j'ai été plusieurs fois avec feu M. de Montmorency, gouverneur du château de Compiègne, me prosterner devant l'infortune du roi Charles IV et de son auguste famille.

Et, avant ces déplorables époques, c'est toujours sans mission qu'en 1801 et 1802, j'ai parcouru le département des Vosges, le département du Haut-Rhin et celui de la Meurthe, en m'efforçant de propager ma religion politique ; ce qui ayant donné lieu aux agens de la police dans ces départemens, de recueillir les griefs contenus dans une dénonciation envoyée de Nanci à Paris, je fus mandé, le 28 brumaire an x, au ministère. Les griefs nombreux et décisifs étaient rapportés d'une manière atroce. M. Lombard-Taradeau, secrétaire-général, para le coup mortel qui m'aurait inévitablement frappé; et le ministre (M. Fouché) se contenta de ma lettre ainsi conçue, le 3 frimaire suivant :

« Je dois satisfaction au ministre qui, à ma « simple prière, a rendu à la patrie et à la li- « berté trois infortunés proscrits dans les trou- « bles de la révolution.

« Une franchise et une droiture invariables « dans ma conduite m'ont servi d'égide pen- « dant cette révolution.

« Toujours intéressé au bonheur de ma pa- « trie, mais étranger aux différentes opinions, « quand il s'agit de ne consulter que la voix de « l'humanité, j'ai constamment prodigué des « soins compatissans à tous les malheureux, à « ceux-même qui étaient le plus en opposition « de principes avec moi.

« Cette conduite, qui n'a rien de commun « ni avec les exagérations politiques ni avec « l'égoïsme et l'hypocrisie qui traversent adroi- « tement tous les partis, m'a valu l'estime de « tous, et cette estime m'a valu un bien inap- « préciable, celui de sauver partout des vic- « times. Mon zèle sans cesse renaissant semblait « exposer ma tête; on me voyait jour et nuit « dans les comités révolutionnaires et dans les

« comités de gouvernement, opposer ces co-
« mités et ce gouvernement à eux-mêmes.......
« Des hommes, devenus victimes les uns des
« autres, et que je ne connaissais pas, se re-
« commandaient à ma sollicitude, parce que je
« n'avais cessé de rappeler à l'humanité et à la
« paix tous les partis; et parce que, revêtu du
« plus auguste ministère de la nature, mon
« courage et ma sensibilité me donnaient accès
« auprès de tous. Dans ces épouvantables crises,
« où le délire de la prévention et de la terreur
« faisait penser que l'humanité était étouffée
« dans tous les cœurs, j'avais le bonheur d'en
« retrouver des étincelles. On ne prenait pré-
« texte d'aucune opinion pour me suspecter;
« on respectait ma conduite; et la postérité
« n'apprendra peut-être pas sans étonnement
« ce qu'une telle conduite, et de la part d'un
« seul homme, a pu faire de bien à l'humanité.

« Dans le département de la Meurthe et dans ce-
« lui des Vosges, où j'ai séjourné, se trouvent les
« nombreuses familles auxquelles j'ai tendu une
« main secourable; là se trouvent particulière-
« ment celles qu'à ma prière la Providence a
« sauvées, sur la fin de l'an VIII, par votre organe.
« Des larmes de reconnaissance ont coulé, ces
« douces larmes que la vertu ne rougit point de

« verser! Vos premiers bienfaits sont devenus « des motifs d'espérance pour d'autres infor« tunés ; moi-même j'ai partagé cet espoir, j'ai « consenti à vous porter leurs réclamations. » (En effet, M. Fouché m'accorda ce dernier succès dont je m'étais flatté, sans que j'eusse pris la peine de réfuter les griefs qui étaient à ma charge.) Et ce qui me touche vivement, c'est que MM. les députés du département de la Meurthe, qui avaient conservé le souvenir de la conduite que j'ai tenue à toutes les époques de la révolution, ont consigné ce souvenir, le 12 décembre 1815, dans les expressions suivantes : « Les députés du département de la « Meurthe joignent avec intérêt leur suffrage à « celui de MM. les députés du département « de la Haute-Saône, et croient devoir à la « vérité d'ajouter que, pendant le séjour assez « long que M. le Joyand a fait à Nanci en « 1801 et 1802, il n'a jamais démenti les sen« timens nobles et généreux qui l'avaient « porté à protester, en face de la Conven« tion, contre l'affreux attentat qui nous a « enlevé le meilleur des Rois; et que, sous le « despotisme même, il laissait éclater ses regrets « et ses espérances; que, depuis son retour à « Paris, il n'a cessé, par ses écrits et ses actions,

« de défendre la cause de la monarchie et de « son légitime Souverain, etc. »

Je ne suis pas le seul de ma famille qui se soit dévoué *sans mission*.

C'est aussi sans mission que le 19 janvier 1793, après le décret régicide, mon épouse me voyant égaré par la douleur, et ne consultant plus que son désespoir, fit entendre au peuple les accens du troubadour de *Richard-cœur-de-Lion*.

C'est sans mission que, vers la fin de prairial de l'an II, elle sauva dans sa voiture, et en forçant à l'improviste la barrière de Bondi, deux infortunés *mis hors la loi*, acte de dévoûment qui l'aurait menée, avec eux et en même temps qu'eux, à l'échafaud, si la garde, surprise, eût rattrapé la voiture.

C'est sans mission que, au moment où un courrier du cardinal Fesch me remettait une lettre de M. Guieu, secrétaire de madame Buonaparte, datée de Rome, *le 2 prairial de l'an* XII, mon épouse ne me donnant pas le temps d'ouvrir la lettre pour apprendre quel en était l'objet, se hâta de répondre aux gens que madame Buonaparte avait laissés à Paris, et qui me demandaient une prompte réponse : *Allez dire à madame Buonaparte que nous ne voulons avoir aucun rapport avec la mère d'un assassin et d'un usurpateur.* Puis se retournant de mon côté, elle me dit, devant un grand nombre de personnes qui dînaient chez moi : *Si tu avais eu le malheur de faire le voyage avec elle et de m'y entraîner, voilà ce que je lui aurais dit à elle-même, et je l'aurais quittée sur le champ.*

C'est toujours sans mission que, le 31 mars 1814, aux premiers rayons du jour, j'ai arboré la cocarde blanche, et je suis descendu, avec mon épouse et ma famille, du haut du faubourg Poissonnière au boulevard des Italiens, en excitant une foule immense, encore indécise, à redemander la dynastie d'Henri IV; que, le 1er avril, à deux heures, j'ai fait, au peuple assemblé sur le quai du Louvre, la première lecture de la première proclamation de Louis XVIII; que je me suis exposé au poignard d'un forcené que j'ai soustrait à la juste fureur du peuple, pour qu'un si beau jour ne fût pas taché d'une goutte de sang; que, le 4 du même mois, sans attendre l'initiative d'aucune autorité, j'ai fait imprimer mon Opuscule adressé aux Souverains alliés, où je rappelle tous les Français à l'esprit de clémence, de paix et de conciliation dont le Roi a fait précéder son retour, je les invite à relever les statues des Rois ses aïeux, et je demande les sacrifices expiatoires depuis consacrés par une loi. (*Lettre autographe dont le roi de Prusse m'a honoré le* 18 *avril* 1814 ; et la *lettre aussi autographe du Souverain Pontife*, 26 *juillet suivant.*)

C'est sans mission que, pendant les cent-jours, ayant épuisé toutes mes ressources, j'ai engagé, par des marchés ruineux et des lettres de change, ma personne et ma liberté, pour me procurer les moyens de faire imprimer et distribuer trente mille neuf cent cinquante exemplaires de mes ouvrages contre l'usurpateur, et de faire aussi imprimer, réimprimer, distribuer et placarder, à mes frais, les ouvrages de tout autre auteur composés dans le même but. C'est la seule époque où quelques personnes aient contribué, en versant dans mes mains une somme totale de mille quatre-vingt-deux francs pour concourir à la publication de mes ouvrages. J'ai nommé ces personnes dans l'intitulé *Services rendus ;* ce sont MM. Boulanger, membre du conseil de la direction générale des postes ; le comte de la Prunarède ; le docteur Emonnot, et Dubois, chirurgien-dentiste du Roi.

C'est, enfin, sans mission que, encouragé par la magnanimité qui respire dans la première lettre du roi de Prusse, j'ai eu l'honneur de lui écrire encore, le 10 août 1815, pour lui exposer le danger des représailles, et le supplier d'adoucir les rigueurs de la deuxième invasion : prière à laquelle il a daigné répondre le 15 du même mois.

Mais, ce n'est pas sans mission, c'est avec l'honorable mission de la ville de Gray (département de la Haute-Saône), qu'en déposant, aux pieds du Roi, l'hommage de ses félicitations, j'y ai joint un discours que *le Moniteur*, dans sa feuille du 19 septembre 1815, a fait remarquer.

C'est là que finit ma carrière politique; mais les objections du ministère ne sont pas épuisées.

On m'a demandé quelle avait pu être l'utilité de la guerre littéraire contre Buonaparte pendant les cent-jours; on m'a fait cette demande dans les termes d'un doute ironique.

Cette question, qui peut devenir le sujet d'un ouvrage considérable dans l'histoire de la révolution, se réduit à des termes très-simples.

Il suffit de savoir quelle était, à cette époque, l'intérieur de la France, et, en même temps, quelle aurait pu être l'influence des armées étrangères, dans le cas où les bons esprits éclairés et les cœurs droits, encouragés par des discussions politiques répandues jour et nuit dans le royaume, ne seraient pas parvenus à réprimer les factieux, à ramener les opinions égarées, et à les diriger dans un sens favorable au retour des Bourbons.

D'une part, on ne voyait que dissimulation et pusillanimité ;

D'autre part, l'administration publique, les forces civiles et militaires abandonnaient la cause légitime. Les ministres de la religion se voyaient dans l'alternative ou d'invoquer publiquement le Dieu du ciel en faveur du chef de la révolte infernale, ou de déserter les autels.

L'audace et la turbulence des révolutionnaires, républicains, libéraux, fédérés, partisans, buonapartistes, allaient produire une défection universelle.

A ce relâchement de toute vertu, à ce nouveau soulèvement de la perfidie, du parjure (1) et du blasphême, une seule digue fut

(1) On a souvent comparé les Grecs aux Français,

opposée, et cette digue, qui devint le rempart de la monarchie, fut élevée par les hommes

---

particnlièrement les Athéniens aux Parisiens. Notre révolution, dans sa durée de vingt-cinq à trente ans, a produit des objets frappans de ressemblance. Mais cette révolution d'un quart de siècle a fait infiniment plus de mal à la morale publique et au genre humain, que les troubles continuels de tous les siècles de la Grèce. En France, les hommes chargés du dépôt sacré des lois et de la foi publique, se sont joué des sermens. A Athènes, le peuple même se souleva d'indignation contre un de ces personnages de théâtre, à qui cependant la fiction semble permettre tous les sophismes pour se tirer d'embarras. « On voulut susciter à Euri-« pide une affaire très-sérieuse sur une réponse qu'il « met dans la bouche d'Hippolyte, à qui sa mère repré-« sentait qu'un serment l'obligeait au silence. *Ma « langue a prononcé le serment* (réplique-t-il), *mais « mon cœur n'y a point consenti*. Cette distinction frivole « parut à tout le peuple un mépris ouvert de la religion « et de la sainteté du serment, qui allait à bannir de la « société et du commerce de la vie, toute sincérité « et toute bonne foi. » Cette autre excuse de nos assermentés pendant la révolution, et notamment pendant le dernier interrègne, que *c'était pour empêcher de plus grands maux qu'ils ont violé leurs sermens*, est réfutée par cette admirable maxime d'Horace : *Decipimur specie recti.*

Voilà la leçon des peuples.

Voici pour les despotes et les usurpateurs.

de lettres : la plume, à son tour, fut plus puissante et plus glorieuse que l'épée. On vit une toute petite légion de ces hommes, sans autre secours que celui de la force morale ressaisie par eux, malgré l'espionnage qui les comprimait, préparer le retour de l'ordre et de la justice. Les écrits, dirigés contre l'usurpateur, l'heureuse disposition qui en a été le but et

---

Euripide, dans sa tragédie des *Phéniciennes*, fait avancer par Etéocle une maxime que César avait toujours dans la bouche, et qui n'est pas moins pernicieuse que la prétendue justification du parjure : *S'il faut jamais violer la justice, ce doit être quand il s'agit d'un trône; dans tout le reste, à la bonne heure, qu'on la respecte :* « *Si violandum est jus, regnandi gratiâ violandum est; aliis rebus pietatem colas.* » C'est à Etéocle, ou plutôt à Euripide (dit Cicéron), un crime de faire une exception en faveur de ce qu'il y a précisément de plus criminel. « Etéocle est « un tyran, qui parle en tyran, et qui justifie son « injuste conduite par une fausse maxime; et il n'est « pas étonnant que César, né avec un esprit de tyran, « ait fait valoir la sentence d'un prince auquel il res- « semblait. »

Mais il est remarquable que Cicéron s'en prenne au poëte même, et lui fasse un crime d'avoir avancé sur le théâtre un principe aussi pernicieux. *Capitalis Eteocles, velpetiùs Euripides, qui idunum, quod omnium sceleratissinum fuerat, exceperit.* » (Cicero, *offic.*, l. 3.)

l'effet, s'accordaient avec les amicales dispositions proclamées par les Souverains étrangers. Cet accord en faveur du légitime Souverain, a adouci les fléaux de la deuxième invasion, empêché le sac de Paris, la guerre civile, une nouvelle lutte de la France contre les autres puissances, et un nouveau bouleversement général. Cet accord, par conséquent, a reconstitué la monarchie et fixé le sort des Bourbons. On ne peut douter de la prodigieuse influence de la force morale, si on se rappelle que c'est la corruption de cette force immense qui a produit la révolution française, dont les effets, récemment propagés en Espagne et dans le royaume de Naples, tendent encore à renverser le monde entier.

On ne peut donc me contester d'avoir contribué, pendant les cent-jours, avant et après la bataille de Waterloo, à sauver Paris et la monarchie, par mes écrits, mes dépenses, mes démarches et mes continuelles sollicitudes, aussi efficacement que j'y avais contribué, par des fusils, des cartouches, et plus encore par l'exemple de mon dévoûment, le 2 prairial de l'an III, c'est-à-dire vingt ans auparavant.

J'avoue que j'ai hésité de discuter de puériles comparaisons qui m'ont été opposées relativement aux différentes espèces de courage; car *on m'a demandé des exploits militaires!*

Il y a une grande différence entre le courage dirigé par un principe moral, et le courage, qui n'est qu'un effet de la terreur, de la contrainte, de la brutalité, ou de l'ambition personnelle : la révolution n'a point laissé de doute à ce sujet.

Les chances de la guerre sont alternatives; il y a, dans ses dangers, des pauses et des interruptions ; il est extrêmement rare, et si rare, que l'on pourrait dire inouï, que l'on s'y expose sans arme, sans défense, sans moyen et sans espoir de fuite, ou de retraite, ou de capitulation. Telle a été, cependant, ma situation depuis le commencement de la révolution jusqu'au 8 juillet 1815; j'ai été sans cesse exposé à la hache des licteurs et des bourreaux, pour servir, sans prétention, sans espoir de récompense, la patrie, la dynastie légitime et les opprimés. Il n'y a que les Vendéens qui aient été constamment exposés à tout cet ensemble de dangers.

Il est évident que le courage de dévoûment est le plus difficile et le plus extraordinaire; car le 2 prairial de l'an III, malgré le besoin de défendre incessamment sa propre vie, telles étaient la consternation et la stupeur, que personne, ni de l'ordre civil ni de l'ordre militaire, ne se présentait pour organiser aucune espèce de défense, personne ne se présentait pour *attacher le grelot*, lorsque je me dévouai pour procurer des fusils et des cartouches, que je réveillai tous les courages, et qu'en un seul jour les factieux furent vaincus et désarmés. Ce fut ici comme à Syracuse en pareille circonstance : un conseil donné à propos, et une démarche hardie faite par un seul homme, changèrent tout d'un coup la face des affaires : ici, comme à Syracuse, j'avais donné l'exemple et les moyens de surmonter les innombrables obstacles d'une ligue effrénée, que l'on n'avait jusqu'alors envisagée qu'avec effroi, et qui, les premiers jours de prairial de l'an III, paraissait d'autant plus invincible, que pour la détruire, il y avait infiniment moins de ressources qu'à toutes les précédentes époques de la révolution : car tous les royalistes avaient été desarmés.

Aussi, les objections ne me sont-elles pas venues des hommes qui se sont signalés par leur courage, soit dans l'intérieur, soit à l'extérieur de la France, mais des hommes qui en avaient besoin.

Chaque fois que j'ai pu contribuer au salut

d'une victime, j'y aurais renouvelé tous les sacrifices que l'homme peut faire dans ce monde.

Cependant, cette constante disposition de mon cœur, qui ne me permettait pas d'attendre une *mission*, était d'accord avec ma raison. Je voyais très-souvent que les hommes qui cherchaient à attirer sur eux les regards, ceux qui se déterminaient par des motifs d'ambition ou par une impulsion extérieure, s'exposaient, sans faire aucun bien, sans parvenir au but qu'ils s'étaient proposé, parce que l'ordre social, décomposé par tous les genres de terreur et de délire, n'était plus solidaire que pour le mal; et j'en ai conclu que, pour être utile, je devais agir de mon propre mouvement, sans m'inquiéter si, dans un tel isolement de toute intrigue, affiliation ou coterie, mes services seraient oubliés ou prônés.

Ainsi, toujours d'accord avec moi-même,

1° Je n'ai jamais fait de serment, si ce n'est celui d'être fidèle à Dieu, au Roi, à l'humanité; 2° je n'ai figuré dans aucune intrigue, ni révolutionnaire ni contre-révolutionnaire; 3° on ne m'a jamais vu aux cercles chez les ministres, je ne me suis pas fait une seule fois inscrire sur leurs listes.

Présenté à Louis XVI, en 1779, et à Louis XVIII, le 15 décembre 1814, j'ai porté devant le trône, après les cent-jours, les hommages dont m'avait chargé la ville de Gray, et l'expression de mon immuable dévoûment; mai j'ai rarement importuné SA MAJESTÉ et son auguste famille.

En ce qui concerne le petit intérêt de mon existence personnelle, j'ai cru que mes services parlaient assez pour moi. Sur ce point, mon cœur et mon esprit m'ont trompé. Mais avant de blâmer une telle présomption, il faut considérer qu'elle est peut-être inséparable du sentiment qui ne m'a permis de calculer aucun danger, lorsqu'il s'est agi de défendre la monarchie et les opprimés.

Rien, peut-être encore, ne prouve mieux à quel point mes pensées et mes sentimens ont été absorbés par les objets de mon dévoûment, que l'abandon de mes spéculations scientifiques depuis le commencement de la révolution, et par conséquent le sacrifice de l'espèce d'amour propre la plus difficile à surmonter. Ce n'est pas là encore qu'il faut chercher l'orgueil et la présomption : on est donc réduit à les chercher dans la désespérante situation qui me tue.

J'ai parcouru presque tout l'espace de la vie

sans me plaindre de qui que ce soit dans ma propre cause, et je voudrais pouvoir encore aujourd'hui me contenter de l'oubli. Mais je ne suis point isolé; et dans cette situation où l'existence de mon épouse et une foule d'autres intérêts particuliers viennent se confondre, je serais méprisable et odieux si je m'abstenais de dire la vérité.

On m'a plusieurs fois répété que si je n'avais publié un ouvrage intitulé *Services rendus*, on m'aurait accordé tout ce que j'aurais voulu. Mais cet ouvrage, qui ne respire que le plus pur dévoûment pour la cause légitime, et qui ne présente l'ombre ni d'une plainte ni d'une réclamation, n'est absolument qu'une table de chapitres des Mémoires que je publierai pour servir à l'histoire de la révolution. Et depuis quand, d'après quelle loi et quelle jurisprudence, d'après quelle politique, d'après quels sentimens et quels usages la publicité serait-elle une fin de non-recevoir, et de sacrifier les titres et les droits les plus recommandables? N'est-il pas évident, au contraire, et n'ai-je pas prouvé que, sans cette publicité, qui ne peut choquer que les individus dont l'extraordinaire fortune n'est pas justifiée par de grands services, il ne me resterait pas même l'espérance.

d'éloigner de moi l'opprobre de l'insolvabilité?

Cet étrange grief, j'en avais le pressentiment lorsque je me suis abstenu de publier des titres plus nombreux, qui auraient excité le mécontentement de certaines personnes, amusé la curiosité, et produit peut-être un autre intérêt moral, au sujet de la lutte que j'ai soutenue depuis le 1er frimaire de l'an VIII jusqu'à la fin de l'an XII, devant la famille Buonaparte, c'est-à-dire tout le temps que j'ai eu des communications avec cette famille, et depuis que je les ai rompues, jusqu'à la fin du dernier interrègne. Je me suis contenté de faire voir que, dans les communications absolument indispensables que j'ai eues avec quelques hommes de la révolution, pour les fléchir en faveur des opprimés, et diminuer le nombre des victimes, soit de la fureur anarchique, soit de l'ambition de Buonaparte, mes craintes et mes dangers personnels ne m'ont jamais déterminé à faire la moindre concession à l'erreur et au crime. Je me suis contenté de faire voir que j'ai résisté aux séductions de la fortune, au besoin même et au désir légitime de recouvrer les sommes considérables qui me sont toujours dues. En un mot, que j'ai mieux aimé m'exposer à tout perdre que de faire le moindre pacte avec l'iniquité. Il m'a semblé qu'une telle abondance de preuves n'avait pas besoin d'auxiliaire pour convaincre les hommes vraiment dévoués, les hommes justes, même les hommes purement passifs.

J'ai tout donné, et mon épouse a partagé mes sacrifices. Il ne nous reste rien autre chose que les créances sur l'État, mentionnées dans ce Mémoire.

On ne m'a rien rendu, puisque tout ce qui m'a été accordé, soit à titre de secours, soit à titre de prêt, a été absorbé par la dette royale des cent-jours, que ma pension a été amortie pour y subvenir, et que je dois payer encore trois mille deux cent cinquante francs pour acquitter cette dette.

La Providence semblait m'avoir ménagé une ressource près du roi Charles IV et de la reine d'Étrurie. J'avais eu l'honneur d'être admis à leur cour avec feu M. de Montmorency, mon beau-frère, gouverneur du château de Compiègne. Je conservais le souvenir de leurs malheurs et de leurs bontés, lorsque la *Gazette de France* (*24 janvier* 1816, *sous la rubrique de Rome*, 11 *du même mois*), annonça que j'allais être appelé près de la reine, pour donner à Sa Majesté les soins réclamés par ses souffrances.

Mais la *Gazette du* 28 (*Rome*, 16 *janvier*), contremanda cette disposition du roi Charles IV et de la reine Marie-Louise, en annonçant, pour motif de ce changement, que j'avais professé un système blâmé par la cour de Rome. Il ne me fut pas difficile d'y apercevoir un effet de la vengeance de quelques personnages dont j'ai combattu la funeste politique. Un d'eux avait lu mon ouvrage des *Principes naturels*; il l'avait emporté à Rome. Les quatre premiers volumes, imprimés en 1785, ne contenaient que mon système astronomique; mais le cinquième, publié le 1er mars 1800, et dirigé contre des hommes qui avaient abusé des occultes principes de Newton pour établir un athéisme radical, pouvait, comme tous les autres ouvrages qui renferment des discussions religieuses, donner sujet aux interprétations. Je me justifiai, non pas sur l'athéisme, puisque je n'avais écrit que contre les athées, mais sur l'orthodoxie de ma croyance dans la mission et la divinité du Christ; je me rétractai au besoin, en me soumettant, du cœur le plus sincère, à l'autorité de l'Église; je m'appuyai de la lettre pleine de bienveillance et d'éloge qu'avait daigné m'écrire, le 26 juillet 1814, le Souverain Pontife. Je fis publier, dans journal *la Quotidienne* (*février suivant*) ma justification. Mais à Rome, le coup était porté, et je n'étais pas à Rome pour me faire entendre.

Si, pour être taxé de folie, il suffit d'une idée fixe et d'une affection insurmontable qui dominent et assimilent à elles-mêmes les autres idées et les autres affections, les égoïstes, les faibles amis de l'humanité, et les ennemis de la monarchie ne se sont pas trompés. Les plus fortes invraisemblances, l'ambition, la crainte de l'infortune, de la prison ou de la mort, n'ont jamais ralenti mon dévoûment. Plus les évènemens paraissaient éloigner la dynastie légitime, plus les nouveaux obstacles à son retour paraissaient consolider le règne de Buonaparte, plus je sentais s'accroître l'ineffaçable impression qu'avaient faite en moi les crimes de la révolution et les malheurs de Louis XVI. Pour revoir sur le trône un Bourbon, j'en aurais chassé ma propre famille.

Cependant, malgré cette ardeur d'un zèle qui pouvait à chaque instant m'égarer, on ne peut me reprocher ni couleur de parti, ni intolérance, ni persécution, ni vengeance contre les personnes qui m'ont plusieurs fois dénoncé. « Je n'ai commis, au milieu du trouble uni-

« versel, aucun écart contraire à l'humanité, et « je n'ai excepté personne de ma commiséra- « tion. » (*Réponse à M. de Lally-Tollendal,* 13 mars 1820.) Je n'avais pu obtenir le salut d'un grand nombre d'opprimés, qu'en fléchissant les plus terribles agens de la puissance révolutionnaire. J'ai secouru ceux-ci, à leur tour, lorsque, persécutés les uns par les autres, ils ont imploré ma médiation ; il en est même que j'ai prévenus, que j'ai cherchés jusque dans les cachots. La position éminemment dangereuse où je m'étais mis en protestant contre le procès de Louis XVI, ne m'a pas épouvanté ; je ne me suis pas soustrait un seul instant aux regards des hommes qui pouvaient me perdre ; je me suis présenté à eux comme s'ils n'avaient rien eu à m'opposer. C'est en m'oubliant sans cesse, que je me suis sauvé, et que j'ai sauvé des victimes à qui j'aurais pu me contenter de dire que je courais moi-même de plus grands dangers que ceux qui les menaçaient, et qu'en sollicitant pour elles, je réveillais d'implacables souvenirs. Dans cette position, je n'ai considéré ni le pays, ni le nom, ni le rang, ni la fortune, ni la conduite, ni les opinions ; *je n'ai refusé personne, sous aucune raison et sous aucun prétexte.*

Il y a une grande ressemblance entre ces

belles paroles de François Ier : *Tout est perdu, fors l'honneur!* et cette sentence plus belle encore de Michel Montaigne : *Et consiste l'honneur de la vertu, à combattre, non à battre.*

Il serait donc injuste et cruel de ne pas me permettre, lorsque je suis encore accablé de tant de chagrins, après tant de douleurs, après tant de combats soutenus en faveur de la monarchie et des opprimés, et tout près du terme de la vie, de parler enfin pour mon épouse, pour ma famille, pour mes créanciers, pour moi-même.

Mais dans une si longue révolution, où l'ambition et le crime, la terreur et l'égoïsme ont tout fait, malheur à l'homme qui s'est dévoué sans réserve et qui a survécu! Il n'a rien à espérer de ceux qui n'ont pas été les objets personnels de son dévoûment, et ils sont nécessairement le plus grand nombre, car un simple sujet ne peut, dans ses efforts, comprendre qu'un petit nombre d'hommes : il n'y a que le Messie qui ait pu se dévouer pour le genre humain, et un Roi tel que Louis XVI pour tous les Français. Il s'abuse, s'il espère quelque chose de ceux qu'il a secourus. Dans cette révolution, qui a infligé à l'humanité entière des plaies si nombreuses, si profondes, si difficiles à guérir, les intrigues d'une foule qui, sans attendre seulement que les débris de l'ordre social soient rassemblés, se montre avide de tous les emplois et de toutes les distinctions, lui interceptent toutes les avenues. Il marche vers la tombe, d'autant plus à plaindre qu'il se voit ainsi forcé de conclure que ses ennemis les moins dangereux sont ceux dont il a combattu les erreurs et les excès.

LE JOYAND.